AF563497

DISCOURS

PRONONCÉ

DANS LE TEMPLE DE LA RUE STE.-AVOYE,

Le dimanche 25 décembre 1808, lors de la célébration de la fête de la reddition de la ville de Madrid,

Par Mr. S. SÈGRE, grand Rabbin du Consistoire central des Israélites, à Paris;

Suivi d'une prière composée en hébreu, par Mr. D. SINTZHEIM, Président du Consistoire central, et d'une prière et d'un hymne composés en hébreu par Mr. A. COLOGNA, grand Rabbin dudit Consistoire;

Traduits en Français par Mr. Élie HALEVY, traducteur spécial du Consistoire central.

PARIS.

De l'Imprimerie de BALLARD, imprimeur du Consistoire central des Israélites, rue J.-J. Rousseau, n°. 8.

AN 1808.

DISCOURS

Prononcé dans le Temple de la rue Ste.-Avoye, le dimanche 25 décembre 1808, lors de la célébration de la fête de la reddition de la ville de Madrid,

Par Mr. S. Sègre, grand Rabbin du Consistoire central des Israélites, à Paris;

Suivi d'une prière composée en hébreu, par Mr. D. Sintzheim, Président du Consistoire central, et d'une prière et d'un hymne composés en hébreu par Mr. A. Cologna, grand Rabbin dudit Consistoire,

אני אני דברתי אף קראתיו הבאתיו והצליח דרכו (ישעיה מח טו)

« C'est moi qui ai prononcé, c'est moi qui
» l'ai proclamé, c'est moi qui l'ai conduit et l'ai
» fait prospérer dans tous ses exploits ».

(*Isaïe, chap.* 48. *v.* 15.)

Si dans le cours ordinaire des choses qui arrivent ici-bas, l'incrédulité audacieuse ne veut voir que les effets de cet ordre combiné, qu'elle se plaît d'appeler *nature*, pour en arracher la gloire de la main toute-puissante de la Providence qui les dirige ; il y a cependant des évènemens extraordinaires et frappans où l'incrédulité elle-même est forcée de reconnaître l'ouvrage d'un Dieu et sa puissance infinie.

Tel est entr'autres l'avènement à une place éminente, d'un grand génie actif et courageux qui, s'élançant dans la carrière de la gloire et de la vertu, s'élève au dessus de la multitude pour la gouverner et fixer son bonheur.

C'est ainsi que Dieu même fit connaître, par la voix de son Prophète, en désignant le roi Cyrus :

אני אני דברתי וכו'

Et qui parmi nous, mes chers frères, ne voit pas renouveller ces lumineux exemples de la main de Dieu, visiblement opérante dans l'avènement au trône impérial de France, du sage, invincible et immortel Napoléon ? Qui, en se retraçant ses actions glorieuses et prodigieuses à-la-fois, ne les reconnaîtrait pas dans ces paroles du Prophète ?

אני אני דברתי אף קראתיו

« C'est moi, a dit Dieu, qui l'ai donné à l'univers » comme un présent précieux ; הבאתיו c'est moi qui l'ai » fait prospérer dans ses exploits ».

והצליח דרכו

Oui, mes chers frères, la main de Dieu se montre en lui particulièrement. On la reconnaîtrait déjà s'il n'était qu'un grand Capitaine, défendant glorieusement sa patrie, qu'un grand Conquérant, qu'un Alexandre, qu'un César, qu'un Scipion, qu'un Charlemagne ; mais NAPOLÉON-LE-GRAND les surpassant de bien loin et étant à-la-fois Guerrier invincible, profond Législateur et tendre Père de ses sujets, phénomène très-rare dans l'histoire des siècles, on est convaincu, je le répète ; que NAPOLÉON-LE-GRAND est le don inappréciable que la bonté divine a fait au siècle pour le bonheur de l'humanité.

N'est-il pas en effet fort rare de voir associer à la valeur guerrière, la justice, la prudence, la tempérance et toutes les vertus sublimes qui seules rendent l'homme parfait dans l'art de gouverner ?

C'est sur la réunion difficile de ces qualités, éminentes et presque contradictoires, que le roi David remercia l'Eternel en ces termes :

האל המאזרני חיל ויתן תמים דרכי

« Vous m'avez, disait-il, doué de grande valeur, » et en même tems des autres vertus sociales, morales » et politiques, qui font l'homme parfait dans le grand » Monarque ».

Et en quel degré de gloire ne voit-on pas sans cesse atteindre ses vertus, n'ayant pour guides que la religion et la piété, et n'attribuant la réussite de ses exploits qu'au Dieu des armées.

ברוך ה׳ צורי המלמד ידי לקרב אצבעותי למלחמה

Le Grand NAPOLÉON a dit :

« Rendons nos actions de graces à Dieu », et ces mots furent l'éteincelle électrique qui enflammant rapidement tous les cœurs de ses sujets, les excitèrent à donner des louanges au Seigneur.

Voyez l'infatigable Héros, du milieu de ses braves conquérans de Burgos, d'Espinosa et de Madrid, faire retentir tous les Temples de chants de victoire, et rendre graces à l'arbitre des combats d'avoir brisé l'étendard de ses ennemis nombreux; d'avoir ébranlé les fondemens de cet asyle cruel de l'intolérance, sur les ruines duquel une main invisible écrit : « Maintenant, ô Rois, » instruisez-vous, prenez un exemple, juges de la terre ».

ועתה מלכים השכילו הוסרו שופטי הארץ

Voyez l'accord parfait de toutes les religions de l'Empire, par lui protégées, remercier unanimement l'Eternel qui soutient toujours de son bras puissant son Héros chéri, et voyez-le enfin entouré de ses phalanges, le glaive sanglant à la main et la gloire de Dieu dans la bouche.

רוממות אל בגרונם וחרב פפיות בידם

C'est ainsi que notre auguste Empereur renouvelle l'ancienne pratique des rois religieux, qui attribuaient toujours la réussite de leurs entreprises à la protection divine.

Tout le cours de sa vie est parsemé de victoires et de remercîmens à Dieu.

ימין ה׳ עושה חיל ימין ה׳ רוממה ימין ה׳ עושה חיל

Comblé de gloire comme David, comme lui il s'humilie devant Dieu à chanter sa grandeur et redonner à Dieu ce qu'il reconnaît tenir de sa divine puissance.

En effet, où est-elle la fameuse épée de Goliath, prise par David ? se trouve-t-elle dans le palais doré de Saül comme un monument d'un fait appartenant à l'histoire de son royaume ? Non.

Était-elle attachée au mur de la maison rustique de David comme le fruit de son courage extraordinaire ? Non.

Mais elle a été suspendue aux voûtes sacrées du Temple, comme un trophée victorieux appartenant tout-à-fait à Dieu.

« Voilà la bravoure humaine attribuée à la gloire du » Très-Haut ».

הנה היא לוטה בשמלה אחרי האפוד

C'est ainsi que David s'exprimait publiquement en remerciant Dieu lorsqu'il remportait quelques triomphes.

לך ה׳ הגדולה והגבורה והתפארת והנצח וההוד

L'éclat de cette grandeur, dont je suis entouré, c'est de toi que je le tiens, et c'est de toi que je reconnais ma gloire et ma majesté.

Rendons donc, mes chers frères, nos actions de graces à la bonté éternelle, de nous avoir donné un Héros qui nous rappèle si bien des pratiques aussi religieuses qu'augustes.

Prosterne-toi ! Israel, devant le créateur du ciel et de la terre ; remercie sa bonté ineffable de tous les bienfaits dont il t'a comblé jusqu'à ce jour. Tu n'es plus, ô Israel ! sur un sol étranger ; reprends l'antique lyre de Sion pour faire retentir des voûtes sacrées des cantiques du roi prophète. Mêlons notre voix aux voix harmonieuses de tant de peuples qui tous aujourd'hui, d'un sentiment unanime, adressent leurs actions de graces à l'Eternel sur les victoires éclatantes que notre grand Monarque vient de remporter, et qui implorent du fond de leur cœur, pénétrés de reconnaissance, la conservation et la prospérité de notre auguste Souverain.

Préserve-le, ô Dieu tout-puissant צלך על יד ימינך
ה' שומרך ה' de tout ce qui peut troubler son repos et son bonheur. Que les fatigues multipliées de la guerre ne portent aucune atteinte à sa précieuse santé;

יומם השמש לא יככה וירח בלילה ה' ישמרך מכל רע ישמור את נפשך

que l'intempérance des climats ne soit aucun obstacle à terminer ses glorieux exploits et à remplir les hautes idées que son génie sublime a conçues pour le bien de l'univers.

Protège-le, ô Seigneur! dans les chemins difficiles qu'il aura à parcourir.

ה' ישמור צאתך ובואך מעתה ועד עולם

Hâte son retour dans la Capitale de son Empire, pour que ses sujets puissent bientôt jouir de son auguste présence, et qu'une félicité sans borne et le calme inaltérable d'une profonde paix règnent éternellement dans son auguste famille, et parmi les nations qui prospèrent sous sa protection. *Amen.*

PRIÈRE

COMPOSÉE EN HÉBREU

PAR Mr. D. SINTZHEIM.

Dieu unique du ciel et de la terre ! souverain arbitre de toutes les Puissances terrestres ! toi à qui seul appartiennent la grandeur, la domination et la victoire ; toi dont le règne seul est universel, et qui tiens entre tes mains la force et le pouvoir ; toi qui élèves, fortifies, qui revêts de gloire et de majesté celui qui trouve miséricorde devant tes yeux.

Nous venons aujourd'hui vers toi, avec humilité pour te rendre nos actions de grâces, pour chanter tes louanges, pour bénir, glorifier, exalter ton nom formidable, pour reconnaître toutes les bontés, toute la bienveillance que tu as si merveilleusement témoignées à notre auguste Empereur Napoléon-le-Grand. C'est par le secours de ton bras puissant que ses innombrables ennemis ont succombé ; que les phalanges espagnoles sont tombées entre ses mains ; qu'il a accumulé victoires sur victoires ; qu'il a pénétré jusque dans les murs de la célèbre ville de Madrid, afin de la sauver, par sa présence, d'une destruction, d'une ruine complète.

Tu n'ignores pas, ô Seigneur, l'imperfection de nos facultés mortelles; nos faibles organes sont insuffisans pour exprimer toute notre reconnaissance, à cause de tant de grâces que tu nous a faites; mais tu lis dans les replis du cœur humain; nos pensées les plus secrètes se déroulent devant toi, et tu sais combien nous sommes pénétrés de gratitude, combien nos supplications sont sincères. C'est dans cette consolante persuasion que nous osons t'implorer aujourd'hui, pour qu'il te plaise de continuer à verser quelques rayons de ta majesté éclatante sur la tête de notre illustre Prince, le Cyrus de notre siècle. Que les planètes dans leurs orbites combattent contre ses ennemis jusqu'à ce qu'ils viennent supplians implorer sa clémence au pied de son trône étincelant de gloire.

Sois à jamais son bouclier, afin qu'aucun accident de la vie n'ait de prise sur son auguste personne; prolonge ses jours, les jours de sa compagne illustre et chérie, et ceux de toute sa précieuse famille. Puissent sous son règne le bonheur et la paix fleurir dans tous les climats! *Amen.*

PRIÈRE

COMPOSÉE EN HÉBREU

PAR Mr. COLOGNA.

DIEU éternel ! Roi de l'univers ! toi qui commandes, et des trônes s'élèvent ; toi dont la main puissante dispense le sceptre et le diadême aux mortels destinés à guider les nations ! jète un regard favorable du haut des cieux, ta sainte demeure, et verse tes riches bénédictions sur notre auguste Empereur NAPOLÉON-LE-GRAND.

Ordonne aux anges qu'ils répandent sur sa tête tes largesses inépuisables ; fais qu'il en jouisse long-tems sur son trône, et qu'il les partage avec notre incomparable et gracieuse Impératrice JOSÉPHINE, ainsi qu'avec son illustre famille.

Veille soigneusement sur sa précieuse conservation ; qu'une splendeur permanente l'environne ; que ses ennemis s'abaissent devant sa grandeur. Que la paix, qu'un calme durable signalent son règne fortuné. Que sans cesse ta bonté éternelle l'accompagne. Que ta bienveillance lui serve de bouclier; que tes secourables et lumineux conseils l'éclairent, et que la miséricorde et la sécurité soient à jamais son partage.

Puisses-tu nous faire trouver grâce devant lui! puisses-tu nous rendre agréables à tous ceux qui, auprès de son trône, sont les instrumens du bonheur de ses peuples!

Agrée les paroles de notre bouche, les sentimens qui s'élèvent du fond de notre cœur, ô Dieu notre créateur et notre rédempteur! *Amen.*

שִׁירָה

א

אֶל אֵל נוֹרָא ·
נִשָּׂא זִמְרָה ·
וְקִרוּא מִקְרָא ·
שִׂמְחָה אוֹרָה · אל אל

ב

בֵּית יִשְׂרָאֵל ·
הוֹדוּ לָאֵל ·
וּבְקוֹל וָאֵל ·
שִׁירוּ שִׁירָה · אל אל

ג

וְעַם עִבַר ·
חַסְדוֹ גָּבַר ·
אוֹיֵב שָׁבַר ·
שָׁלַח עֶזְרָה · אל אל

ד

נַאפָּלֵיאוֹן ·
מַשְׁפִּיל גָּאוֹן ·
סוֹאֵן סָאוֹן ·
חִצָּיו יָרָה : אל אל

ה

חִישׁ שָׂם לָמַס ·
מַטֵּה חָמָס ·
הָיָה מִרְמָס ·
תּוֹךְ בּוֹר כָּרָה · אל אל

ו

רָשָׁע יִרְאֶה ·
עֵינוֹ תִּכְהֶה ·
נֶשֶׁר יִדְאֶה ·
מַרְבֵּה מִשְׂרָה · אל אל

HYMNE.

1.

Du Dieu formidable
Entonnons les louanges;
Que l'allégresse éclate
En ce jour solemnel!

2.

Maison d'Israel!
Prosterne-toi!
D'une voix harmonieuse,
Chantons tour-à-tour.

3.

La tourmente est passée,
La grace a prévalu;
L'Hydre est abattue
Par son céleste secours.

4.

La foudre de Napoléon
A grondé avec fureur:
Il a lancé ses éclairs,
Le présomptueux a disparu.

5.

Le sceptre de l'iniquité
Soudain s'est rompu,
S'est englouti dans l'abîme
Qu'il s'est creusé lui-même.

6.

L'impie a contemplé
L'aigle dans son essor;
Par l'éclat de sa majesté
Sa vue s'est obscurcie.

ז

חוֹרֵק שִׁנָּיו ·
בִּנְפוֹל פָּנָיו ·
אוֹרֵר שָׁנָיו ·
לוֹ כָּל נִבְרָא · אל אל

ח

שַׂר טוֹב סַלָּח ·
אֶל גּוֹי נֶאֱלָח ·
יָדוֹ שָׁלַח ·
דֶּרֶךְ הוֹרָה · אל אל

ט

עָלְזוּ עַמָּיו ·
רָגְזוּ קָמָיו ·
מִפְּנֵי אֵימָיו ·
מִי לֹא יִירָא · אל אל

י

יְחִיֶה קֵיסָר
טוֹב לֹא יֶחְסַר ·
יָצִיץ עַל שַׂר ·
זֵר תִּפְאָרָה · אל אל

יא

נָא אֵל עֵילוֹם ·
שִׁמְךָ שָׁלוֹם ·
תִּשְׁפּוֹת שָׁלוֹם ·
קַל בִּמְהֵרָה · אל אל

אֶל אֵל נוֹרָא ·
נִשָּׂא זִמְרָה ·
וְקָרוֹא כְּמִקְרָא ·
שִׂמְחָה אוֹרָה :

7.

Il a grincé des dents :
Une pâleur mortelle l'a saisi,
Oh ! que le sein de ma mère
Ne m'a-t-il servi de tombeau ?

8.

Alors, d'une main secourable,
Le clément Napoléon
Ouvrit le chemin du salut
A une multitude égarée.

9.

Que ses peuples tressaillent de joie !
Que ses ennemis frémissent de rage !
Qui ne tremblerait pas
Devant son courroux ?

10.

Qu'il vive, l'invincible !
Qu'il prospère à jamais !
Que le diadême de gloire
Rayonne toujours sur son front !

11.

Dieu tout-puissant !
Dieu de la paix !
Hâte les momens fortunés,
Le règne d'un calme éternel !

12.

Du Dieu formidable
Entonnons les louanges ;
Que l'allégresse éclate
En ce jour solemnel !

NÉCROLOGIE.

Après cinq jours de souffrances inouies d'une goutte remontée, une mort cruelle vient d'enlever, à l'âge de 54 ans, le mardi 3 janvier 1809, Mr. Sauveur Ségre, auteur du présent Discours, ci-devant Rabbin et Conseiller municipal de la ville de Verceil, département de la Sésia, ancien Membre de l'Assemblée des Israélites, premier Assesseur du grand Sanhédrin, nommé par S. M. I. et R. à l'honorable place de grand Rabbin du Consistoire central, à Paris.

Une épouse chérie, sept enfans dont plusieurs en bas âge et des amis innombrables en France et en Italie, déploreront long-tems sa perte.

Qu'il soit permis aux Membres du Consistoire central de jeter quelques fleurs sur la tombe de leur estimable collègue : hélas ! elle a été creusée trop prématurément ! A peine ses lumières ont-elles commencé à répandre sur nous leur doux éclat, que déjà la mort nous en a privé pour toujours.

Combien de fois pourtant, dans ce court espace de tems, n'avons-nous pas eu l'occasion d'apprécier ses nobles vertus, ses rares talens et toutes ses qualités éminentes ? Jamais sa débile existence, ses douleurs cruelles et constantes ne l'ont pu faire sortir de son caractère doux, affable et modeste. Ne considérant cet asyle de misère que comme un passage momentané qui conduit dans une meilleure vie, toutes ses actions ont été dirigées vers ce but louable. L'amour sacré de la religion, les soins touchans de l'humanité, l'attachement inviolable à sa Patrie et à l'auguste Prince notre Souverain, ont seuls été les objets de ses glorieuses occupations, ont été l'unique base de sa vie publique, et privée.

Si ses collègues ont vivement à déplorer par sa mort la perte d'un ami sincère, d'un guide fidèle, d'un conseiller sage et éclairé, vous mes chères frères, vous perdez en lui un pasteur vertueux, un administrateur intègre, un père tendre, qui, au milieu d'une vie orageuse, ne formait des vœux pour la prolongation de sa pénible carrière, qu'afin de pouvoir continuer ses affections paternelles à son innocente famille, de pouvoir consolider votre propre bonheur, de vous conduire dans le chemin de la vertu, et enfin de vous montrer l'exemple frappant, comment l'homme environné des ombres de la mort, peut, par sa résignation à la volonté du Très-Haut, parvenir à envisager le trépas sans éprouver aucun effroi.

Veuve désolée! orphelins délaissés! vous tous qui composez sa famille consternée! nous sentons toute l'étendue de votre juste douleur; nous vous voyons dans le lointain, le cœur déchiré de tristesse, le visage baigné de larmes, nous vous entendons gémir sur la perte de votre soutien, sur la perte de votre gloire; mais consolez-vous, le nom de Sauveur Sègre sera éternellement gravé dans le souvenir de tous ceux qui l'ont connu: on est encore compté parmi les vivans, lorsqu'on existe dans le cœur de ses amis.

www.ingramcontent.com/pod-product-compliance
Lightning Source LLC
LaVergne TN
LVHW010335230826
846091LV00009B/3876

* 9 7 8 2 0 1 9 9 8 0 9 7 9 *